JN436952

물벼락

김애희 시집

月刊文學 출판부

| 속삭임 |

이 땅에 나서 살며 몸에 밴 절제와 근검 외에 모국어를 한없이 사랑하고픈 마음뿐, 잘한 노릇이 별로 없다. 그래서 늘 새로움을 찾아나서는 충동도 여전하다. 사유하지 못한 사색과 자유, 이런 갈증으로 시작된 글쓰기다.

그리고 오늘, 엮어서 책을 내는 일은 나를 공개적으로 깊이 되짚어보는 일이기도 하여 부끄러움이 마구 돋는다. 그중에서 솟아오르는 싹 하나, 잘 가꾸어 꽃으로 활짝 피워볼 작정이다.

늘 곁에서 몸과 마음을 다해 응원하는 넝감과 승수, 규수, 동희, 우영, 용훈, 정윤이 모두 고맙고 사랑한다.

차례

제1부_ 천 · 지 · 인

제2부_ 물벼락

제3부_ 옹달시루

제4부_ 무릉의 색깔

제5부_ 산 그림자

제6부_ 그랬으면 좋겠다

제1부

천·지·인

천·지·인

소나무

목침 베고

구름 덮고

그림자 펴서

큰 대(大)자 길게 누웠다

아마도 오수이겠지.

광합성하고 싶다

저 하늘 높이높이 팔 뻗은 나무처럼

시원하게 자라서 길어진 손가락을 솜사탕 같은 구름 속에 집어넣으면 온몸이 달콤하고 가볍겠다 시린 발목 햇빛 꼭꼭 다지고 빈 늑골 차곡차곡 채우면 푸르고 푸르러 초록나이테 되어 탄탄한 가슴으로 나도 가족도 이웃을 쥐가 나게 안고 싶다 본능 같은 그늘 없는 눈처럼 맑고 하얀 빛을 온 세상에 흩뿌려 튼튼한 녹색으로 자랐으면 좋겠다 좋겠다

나무에게만 의존하기 너무 미안해서 의로운 나무를 위해서 나도 광합성하고 산소같이 살고 싶다 산소가 되고 싶다.

대한민국 임시정부

상하이 마당로 306롱(弄) 4호(号)
십각목 변미류의 소라게
지금 그곳에
애국지사님들의 초상과
박제된 애국심의 액자도
함께 걸려 있다
머무는 사람도
방문하는 자도
모두가 이방인
그럼에도 친숙한 공간

거기 지금도
생존을 위한
물과 빛 공기와 소금
넘치기도 하고
부족할 수도 있는
극단적이고 변화무쌍한
무한 스트레스의
조간지대

아직도 그들
공포영화나 '전설의 고향'을 볼 때처럼
빼꼼히 눈만 남기고
둘러 쓸 이불이나 어머니 치마 같은
혹은 곁눈질할 눈 자루 들락일 만큼
몸에 딱 맞는 뚜껑 같은
집 하나 장만하려
전쟁 치르듯 살아갈
삶의 소라게.

시간 · 1

무엇보다 공평할 것 같은 시간
시간의 자로 재어 보니
혹은 얼음덩이 툰드라
불 같은 열사의 사막과
백야도 있다
내 몸 안의 시계는 느리고 불량해
밤낮이 사계절이 들쭉날쭉
24시란 없다 그리고
어디에도 없다
경극 같은
장난 같은
무한공간의 벽

눈높이에 걸린 시계가
빙긋이 웃고 있다.

시간 · 2

형체 없어 그림자도 없는 너
전진만이 임무였다 그래서
물 흐르듯이라 했겠지
오래 전 물을 가두고
누군가는 생포하여 금 속에 가두어
가시적인 발소리를 내었고
우린 온몸으로 감지할 수 있었지
그러나
감금된 건 네가 아닌 사람들
때론 분절된 리듬에 긴장하고
상실감에 무기력을 절감하지
너는 규제도 후진도 없는
반복으로
자유자재 시공간을 누리는
영원한 것.

시간·3

흐르는 물 위에 떠다니는가
실컷 살아 생긴 주름에 고였나
지폐처럼 꼭꼭 접어 포켓에 넣어
약국에 들러 세월 사고
물 쓰듯 돈 쓰는 이 만나 물가에 가면
번뜩이는 비늘 칼등 무딘 날로 훑어내어
서늘한 항아리에 담아
비린내 함께 야금야금
달콤하게 향기롭게
쓰다듬겠다.

시간·4

위도 경도로 지도는 태어났고
씨줄 날줄로 피륙 이루었다
새들 세로로 날아올라
시간은 가로로 군림하였던가

나는 무엇으로 태어났는가
시간에서 나고 시간으로 빚어졌다
끝없이 이어 남을 가로줄 위
셀 수 없는 겹겹의 점으로

점은 길이를 포함치 않는 마침표다.

시간·5

너는 '갑' 이다

수직 아닌 가로선 위에서
언제나 미래지향적이며

일방통행만이 살 길이라며
역주행은 절대 불허하는

그러나 서향뿐인 방향 감각은
그래서 때로는 조금 억울하다

그래, 네가 갑이다.

가벼워질 수 없는 존재의 무게

마음 없이 앉았는데
하필이면 소나무 그늘 아래
바람이 쉬고 있는 빈 공원에
잎 큰 낙엽인 듯 고갯짓하여
못내 끄덕이며 다가갔더니
부채처럼 떨고 있는 대왕나비 한 마리

춘하추동 사계절 같은
변신을 위한 산고인지
회귀(回歸)의 몸부림인지
차마 알 수 없으나
급히 눈감고 돌아서도
빛보다 빠른 날갯짓이던가
심장 깊숙이 떨며
더듬어대는 긴― 더듬이

공연히 진인(眞人) 장주(裝周)에 외쳐댄다
호접지몽(胡蝶之夢)은 여전히
훨훨 유쾌하던가
훨훨 자유롭던가
…….

열두 얼굴

1월
소복이 쌓인 눈
백지의 여백이다
눈 녹듯
내일이 열리고
희망이 열리어
행복이 쌓일 것이다

2월
'삐그덕'
호령하며 온다
건양과 길함이
집집마다 가슴마다
어김없이 들어오는
봄의 길목
활짝 열어 맞이하리

3월
태극기에
선열님들의

얼굴이
정신이
아련히 번져 펄럭이고
설렘과 만남의
시작이며 희망 그 자체

4월
서른 날의 중심이 19인 듯
그 외의 숫자는 여백인 듯
그 여백의 가운데에
하얀 꽃이 아프게 피었다
그 꽃은 횃불이 되었다

5월
단 한 송이 카네이션을 드리고
한 아름의 장미를 받아 안은 달
천지에 고운 빛과
향기 가득하니
모두가 축복이다

6월
일 년 열두 달의 절반
땅도 언어도 사람도 문화도
다 반쪽이 된 그날
어찌 잊으랴
'학교' 생활이 처음 시작된 그해의 6월을
반쪽이 반쪽을 그리는 마음으로 붉다

7월
견우와 직녀가 아니어도
만나고 싶어
방학과 휴가가 기다려지고
강, 바다, 계곡이 그리워라

8월
민족사의 기쁨이 최고치인 달
트라우마의 깊이도 최대인데
지금도 외롭게 울고 있는 독도를
달래지만 말고
'뚝딱—' 그칠 묘약 나와라

9월
나뭇잎이
산천이
마음이
물들어 물든다

10월
나라가 열렸다
눈(目)이 열리고 책뚜껑이 열렸다
두 분 할아버님 아니시면
누가 열었을까
문명의 빗장 열려 태양빛이
쏟아져 들어 온다 눈부셔라

11월
고속철길 같은
여름과 겨울 사이를
질주해 오는
무성하던 빛과 열기
한데로 내몰아

서른 날 내내
한기와 시장기 돌고
열심히 달리던 그 길로
한없을 것 같은 평행선 사이로
바람만 남고 다
빠져 나가듯
그늘이 큰다, 언다

12월
거리에서
광장에서
빠른 걸음 걸음
바람은 불어와 날리고
그러나
축복은 남았으니
귀 열어 눈 뜨는 소리로
부산하겠지
모닥불 피어올라
가장 따뜻한 달.

봄비

도르르
도록도록
유리창에
저 빗방울

토닥토닥
아기 손
보석보다
영롱하다

신비한
생명의 시원
순리여
자연이.

비 오시는 날

유리벽에 은빛 방울 구르다 스러지고
토닥토닥 쫓아가는 아기의 빈 손바닥
푸석한 이내 영혼이 영롱한 보석처럼

살짝 민 문틈으로 바람이 확 몸부리고
화들짝 놀란 웃음 나뭇잎 더 파래진다
하루는 달음질치고 느긋이 평화 오고.

제2부

물벼락

물벼락

1
하느님은
천재는 아니었을 거라는
수재도 아니었을 거라는
생각 때문에
물벼락 맞겠다

2
하느님은
가슴엔 골을
마음엔 샘 하나씩
파냈을 뿐
두레박은……
물벼락 맞겠다

3
금요일 저녁까지
주일을 생각하다
일요일 저녁에는
망각의 재발견이다
물벼락 맞겠다

4
나무처럼 살라 하셨는데
숭숭 구멍난 흰 늑골로
버텨선 주목나무처럼은
정말 싫은데……
물벼락 맞겠다

5
구약성서 아직 없고
죽은 예언가의 말은
잊을까 아쉬워서
옆구리에 끼고 온다
물벼락 맞겠다

6
아침엔 정수가 넘쳐 거실로
저녁엔 외부청소 구정물이
찰랑찰랑
후, 다행이다
주일이라 바쁘셨기 망정이다

7

말리지 마십시오 톤즈*를
마음껏 울게 내버려 두십시오

척박한 뿌리로 뽑아 올린
한 송이 성화(聖花)를

꿀벌의 향연도 없이
거두어 가시다니

당신을 묻은 여인 가슴에
엄지와 검지로

이승의 마디마디를
묵주구슬로 더듬는 이 땅

탯줄로 몸 나눈 이의 품에
오래오래 기대어

빛으로 향유로 한껏 퍼지게
두지 않은 당신, 오늘
저승사자보다 더 미운님

8

참[찰]신자인 아우가 전화 걸어 왔다
'창세기 1장 1절 뜻 좀 말해 줄래'
주저없이
'아무것도 없는 무질서의 혼돈 속에서
시와 공이
창조된 어마어마한 사건의 선포이지
우주만물 주인이고 중심축인 하느님의'

찬 물소리 나는 침묵 그 후

'인간과 우주 만물과 하느님은 수직적인 거지
절대 수평이 될 수 없다는 거래'

뭐야, 흠씬 젖어버렸네.

* 톤즈 : 아프리카 수단의 작은 마을. 고 이태석 신부가 의료, 교육 봉사활동을 하던 곳.

기도

기도만이 길일 때
휘젓던 나래
반으로 접어 꿇는다
참(眞)기도를 올리려

유구무언 (……)
한동안 흐르던
침묵 사이로
새어 나오는 외침
'임의 뜻대로 하소서.'

욕

아주 잠깐이지만
하루가 다음다음 날까지
훨훨 날았다
부—웅 뜬 듯 시간이 가볍다
가벼움이 즐거움이다
날자 날마다 가볍게
날지 못함이 날개 탓이 아니다
중력 때문이다

가벼워지자
내 것 아닌 것은 내려놓고
내 것이라 여긴 것들 버리자
버리고 버려서 텅 비면
날 수 있을 거야 새처럼
새처럼이라니?
공중 어디쯤에서
쏟아지는 소리
비리삐리 비오비오 키득키득.

못

벽에 망치질하다

새 울음으로 날아 오른 못

순간 사람살이에 낀 엄살은

높이 날아 올라

저기 마주친 허공엔

새 종아리 같은 검은 나뭇가지

찬바람에 몸 흔들려도

남루하지 않다

가끔

꼭대기의 둥지를 쳐다본다.

겨울 산

아스라한 아버지 앨범 속 흑백 사진
검은 수염 아직 성한
북녘 어드메 잠드셨을,
남들은 딸깍발이라 이름할 할아버지

푸르름 다 털어낸 뾰족한 가지 끝에
눈 내려와 찔리고
찔리면서 앉는다
애틋한 마음 꽃으로 하얗게 피워 놓고

세상의 보석으로 빛나거라 하시며
수정보다 투명한 얼음꽃도 피우니
천지에 이보다 더한 눈부심 없을 것을

헛기침 후이후이 메아리로 지나면
놀란 새들 푸들푸들 깃 털며 내려오고
다시 또 붉으락푸르락 꽃바람 퍼지겠다.

홀로 천당을 지으시고

어머니는 그리움 때문에 돌아가셨다
누군가를 너무 보고 싶어지면
화가 되고 얼음이 되고 눈물이 되고
퇴행성관절염은 걷지도 앉지도 못했지만
죽음에 이르는 병은 아니다

우셨다 했다
휠체어로 옮겨 앉혀
햇살과 바람을 보라 하고는
십육절 백로지로 햇빛을 가로질러
많이 아팠어요?
카시트 되감기듯 눈을 감으시고는
보고 싶어 네 아버지
너들두 다

다른 건 모른다, 난
거짓말이 아니라는 것밖에
그리고 석 달 열흘간 벽돌을 쌓아
아버지 곁에 천당을 지으시고
더듬더듬 더듬어서 몰래 가신 것밖에.

화석을 메고 가셨다

깊은 밤에 내린 눈처럼
본 적 없고 기억도 없다
내겐 고향이 없고 고향엔 내가 없다
있지도 않은 고향 꿈을 꾸곤 한다
문고리에 코스모스 한 송이
국화잎 서너 개로 액자 만들어 붙이고
손바닥만한 봉창엔
오가는 이웃 너그러운 하늘
시름도 평화가 될
바람 베는 소리도 다 보인다

이것들 모두 화석으로 봉납(捧納)하여
홀로 메고 가셨다
얼마나 무거우셨을까
얼마나 힘이 드셨을까
아버지의 고향으로 가서
말똥을 빚어 벽을 덥혀 드리고 싶다
눅눅한 아궁이에 눈물 냇내 맡으며 군불 때고 싶다
숨어든 쥐 후다닥 튀어나와 부지깽이 놓치고
엉덩방아 찧어도 하하 크게 웃겠다

나는 고향이 없고 고향엔 내가 없다.

겨울 청계산

친정집 싸리 울타리 같은
방실방실 기어 마당에 들어오고
평상에 올라와 쉬어도 가고
데굴데굴 굴러와 장난하며 놀던
그렇게 봄여름 가을 내내
온화한 녹색 붉은 열기
다 내려 덮었어도 꽁꽁 언 대지
흰 버선 깊숙이 발 묻고
검은 허리 깡마른 무릎
등에는 왕침* 두 줄로 꽂은 채
미움이나 체념은 처음부터 없던 것
그저 견디어 내는 힘뿐
속절없이 주문을 건다
힘을 내
캄캄한 어둠 속 저 아래
잠들어 있을 아주 작은 이름들을
하나씩 하나씩 부르는 거야
쑥 쑥 질경이 노루귀 제비꽃 아기별꽃
이렇게 눈물겹게 찬란하게
피어내야 해.

* 왕침 : 송전, 송신시설.

허수아비 · 1

새 떼 날아간
휑한 하늘 바라보다
한 방울 눈물
허공 적신다

수많았던 날
추억 따뜻하고
태양이여 구름이여
농부여

이제 젖은 외발도
슬프지 않아
창공에 그리움을
그리겠다.

허수아비 · 2

귀여운 내 친구들
알고 있었다
빼대뿐인 족속인 줄을
누더기 한 벌뿐이라는 것도

관절 없는 두 팔에 앉아
재잘재잘 수다 떨고
험상궂은 표정 헤픈 웃음
아랑곳하지 않아

모자 꼭지에서
졸고 노는 이 앙증맞은
이미 알고 있었던 것
몸뚱이가 십자가(十字架)인 걸.

똥꼬로 부르는 노래

아파트 방충망에 곧잘 찾아와
기웃거리는 말매미
눈치채지 못하면
매 에헴 맴맴 소리 질러
어린 손녀 파리채 찾아 허둥지둥
우수수 먼지 떨며 달아난다

아가야 그 어른 노래[타령]하고 있는데에~
"노래 아니거든
재는 똥꼬로 소리 내잖아"

으음 으~응 아뿔싸
통통하고 하얗던 생이
한여름도 실컷 살아
노래는 잔소리요 타령은 방귀 소리 되어
시커멓게 퇴색하고 바래어서
황사가 되고 마는구나.

그녀의 무덤가에 자장가를

적삼 같은 흰 천 흔들어 이른 아침
아파트 골목 한 바퀴 돌아나간다
'아무개야 이리와, 거기 계세요, 내가 갈게요'
손사래하던 육십 초반 그 여자
야할 것도 헐벗지도 고함치지 않아도
아이들 뒤따르며 킥킥거렸고 더러는
무섭다며 우리 동네 안 오면 좋겠다 했다

멀지 않은 38선 부근에서
홀로 왔다 갈 수 없게 된 그녀

갈 수 없는 두고 온 고향 그리움
얼마나 사무쳤을까, 생은 또
얼마나 비탈진 골짜기였을까
시련 크면 그리움도 컸을 것을
커진 시련 그리움 뼛속을 떠돌다
가슴에서 뇌에서 핏줄에 걸려
치매덩이가 되었을 것을

무너지는 회한에 숨조차 쉴 수가 없어

숨 쉬기 편한 새벽에
낯선 숨을 쉬려 마을에서 마을로 건너왔을
홀로 살아 있음이 고통이요 사치였을
허기 속에서도 소화되지 않는
불씨처럼 꺼질 줄 모르는
약속한 저 이름들

설움 북받쳐 생생한 정신으로는
부를 수조차 없는 그리움을
한동안 아침이 고요해 계단을 내려
안부 물으니 서러운 향수
가슴에 묻은 채
홀연히 무덤으로 떠나간 그녀에게
이제야 자장가를 불러 본다.

제3부
옹달시루

자화상

‘생콩 까놓은……’

어느 공간 속에도
어느 시간 안에도
부재하는
고향

날것인 채
놓인 이유다.

겨울 일기

지난해 동짓달부터 올겨울의 중간이다
눈보라 쌓이고 영하 13, 14, 16, 17
괜히 을씨년스런 숫자들 아닌가
국 싱겁다 등 시리다 푸념타가
미끄럼 덜한 날 산책길에서
어이 깜짝이야, 글쎄
버들눈이 힐끗희끗 쳐다보고
진달래 벚나무도 충혈한 꽃눈으로
오들오들 떨며 치켜보고 있다
봄이 꼭꼭 숨었다가도 오긴 했지만
동장군은 저렇게 기세가 등등하고
꽃샘추위는 또 얼마나 엉뚱맞을지?
어쩌자고 그리 서둘러서
진정 안쓰럽고 안타깝다
춥다 힘들다 고프다고, 다
참말이라고 말이나 하든지
참 사람 민망하게시리…….

패러독스(paradox)

우리는 국내 철도 1호인 경인선 출근길에서 만났다
기찻길은 평행선도 아니고 직선도 아니다
나는 평북이 고향이고
그는 충청도 출생이다
나는 저녁형 인간이고
그는 아침형 인간이다
나는 벌레를 제일 무서워하고
그는 전기·전자제품에 겁을 낸다
아들딸과 유학 떠나지 않아도
기러기엄마였고 맹모삼천지교다
나는 내가 내 것인 게 당연한데
그는 온통 제 것인 양한다
이를테면 신(神)도 흐르는 시간까지 몽땅
열 살 손자에게 나는 할머니이고
그는 친구이거나 동생이거나이다
나는 그를 '넝감' 이라 하고
그는 내게 '다링' 이라 한다
나는 비빔밥과 비빔국수를 좋아하고
그는 국, 찌개, 고추장 없인 살 수 없는 양한다
그런데도 어쩌랴

같은 것은 둘 다 백발이라는 것이고
다행인 것은 비빔에는 고추장이 필수인 것을.

구름의 긴 여행

손이 젖어 있다 손가락 하나 몹시 시리고 아리다 한 때 잽싸고 단단히 사물 집어 들었던 그 검지 이제 혼자서도 컴퓨터와 다른 키들 능숙하게 조종한다 진원 알 수 없는 비바람 몰고 와 마구 흔들더니 스스로 꺾여 나가길 원한다 그 진동으로 푸른 바다엔 파도 계속 일고 몸 달아올라 현기증 나며 심장은 가파르게 펌프질해 세상이 온통 거꾸로 순환하고 창문 열리고 매달린 정월 북풍 야멸차게 맞은편 구름 일으켜 세운다

짙은 용 형상 구름 천천히 움직여 등 가운데서 말이 태어나 겅중겅중 뛰다 펴져 공작 날개 되어 도도히 반 바퀴 돌아 사라지면서 해를 건너편 아파트 중간까지 끌어 내렸다 어줍게 찍어 누른 낯익은 숫자 반딧불이같이 깜빡이며 '너무 상심치 말라'는 말 건넨다 지금 그 말은 최대공약수며 최소공배수다 그러나 심장 압박지수 근삿값으로 평정되어 간다 창 밖에서 무리지어 꿈틀대던 용들 여우목도리로 이어져 턱밑에 걸쳐졌다.

무제 · 1

조리대 코앞
벽과 벽 사이
붙박이식탁 끼고
마주 앉아
밥을 먹는다
꼬박꼬박 일처럼 먹는다
흰 갈퀴머리 수건처럼 나눠 얹고
빨간 냅킨 없이
낄낄거릴 감도 없이
무사안일 있고
미운 정 고운 정이
튼튼 상다리로 섰다.

무제 · 2

삶이란
살아가는 일
꿀벌의 언어처럼
춤처럼
온몸 진동과
수없는 날갯짓으로
허공에 8자 그리는 일

꽃 찾아
비행하는 일.

무제 · 3

장대로 내리치는
장맛비 맞으며
화살 같은
자동차 흙탕물에
곤두박질친다

입 오므리고
낮게 서 있는
민들레는
천기를 어찌
알고 있었을까.

무제 · 4

젖은 나뭇가지 어디쯤
매미 첫 울음 들린다

긴 여정의 끝
짧은 생의 시작

타종 소리
여울지는데

굵은 빗방울
또 하나 뚝,
어깨 위에 떨어진다.

부끄러움

혼자 있어도 부끄럽고
누가 옆에 있어도
늘 부끄럽다
부모 친지에게 주지 못한
남겨둔 정이 부끄럽고
줄 긋기만 하다가
그리워만 한 사랑이 부끄럽다
동녘에 해가 솟는데
서녘을 보는 눈이 부끄럽고
하릴없이 허옇게 센
머리가 부끄럽다
쇼윈도를 힐끗 스칠 때도
부끄러움이 확 돋아
얼굴을 가리려면
넉넉지 못한 손이 또 부끄럽다
나는 언제 어디서고 부끄럽기만 하다

그래도 늘
손가락 사이로
빛과 바람
들어온다.

코스모스

햇살 한 줌씩 모아
별빛 닮은 얼굴
가까이 키 대고 서면
지나간 바람소리 들리고
맑은 시냇물도 흐른다

고향 가는 신작로 가에
한 아름씩 도열하여
세상 나그네들에게
소박한 미소를 건네는
어머니 같은 꽃

실바람에도 춤을 추고
달리는 트럭 소리
뽀얀 먼지
다 기쁨이라며
언제나 배시시 웃는
섬세하고 정갈한 시인이다.

어둠에 항아리 하나 묻다

소리로 꽉 차 무채색인 무생명의 공간
검기만 한 줄 알았다
내게 어둠은 평화다
눈 감으면 거대한 어두움이 깃드는 때
홀로 듣는 나만의 울림이 있다
햇볕 가려 그림자에 쉬던 봄날의 귀뚜라미
가을에 듣는 종다리 뻐꾸기 소리
사철 냉하게 후련한 바람소리 파도 소리
허공에 굴리던 굴렁쇠 소리도
부리지 못한 것들, 이처럼 많이 자랄 줄 몰랐다
소외된 외로움들 분수처럼 솟아
다른 이 이야기 밀어내 들리지 않고
가끔은 휘청휘청 비틀거리기도 했다
본래 소리란 머물지 못하는 것
조금만 끄덕여 주면 순하게 사라져
죽음 같은 잠 속으로 들어 평화롭지만
읽어내지 못한 먼지 같은 슬픔도 이제는
그냥 퇴색되지 않고 잘 숙성토록
숨 쉬는 항아리 하나 어둠에 묻어 두고
출렁이는 귓속 습관처럼 닦아낸다.

나를 위한 자장가

잘 자 잘 자
어두운 귀에 가까이 다가가서
다시 한 번 토닥이며 말해 줄게
잘 자라 잘 자 이 밤도
납빛 머리카락
구리 닮은 무릎도
목화밭에 누워 수채화 그리듯
푸른 하늘 그리면
아~ 새털처럼 가벼운 꿈을 꾸리

잘 자 잘 자
무딘 척 뛰는 가슴에 두 손 얹고
가만가만 소라처럼 들려 준다
잘 자라 잘 자 이 밤도
텅 빈 가슴에서
바람 닮은 파도가
모래 위를 지날 때 발자국 세듯이
발 아래로 흘러서
아~ 꿈동산에 웃음꽃 간지라기.

피양소주 개지구 왔시오

임진각 구멍가게 들러
이름난 술 평양소주 한 병 사고
그래도 이게 어디야
달음박질로
천주교 혜화동 저택
1377-695호 전세방 찾아가
반주 석 잔에 애주가 한 소절씩
메들리 안주 올리려
차려 왔는데
(고향이 그리워도 못 가는……
타향살이 몇 해던가……)

그만
안개꽃 다발에
눈만 아려 옵니다.

옹달시루

콩나물 집에서 길러 먹어야지
핑계로 들여온 지 스물 몇 해
선반 높이 앉아 본 적 없이
마른 들꽃 한 아름 껴안고
뒤주 위에 미동 없다
흐린 날 구름같이 희끄무레해
반질거림도 없으니 그
무던함이 더 편안하다
달 닮은 둥근 입
달빛 닮은 질 옹달시루
한지에 먹물 스민 듯
눅눅한 어두움은
달빛의 그늘이고 그림자며
침묵이고 묵상이요 묵향이다
다섯 개의 작고 동그란 구멍 또한
지난날 놓친 정념들을
오방색으로 들여다보는
만화경이다.

가을은 또 오는가

맑고 파란 하늘 양떼구름의 저녁, 아기를 업고 오전 오후 풀밭길을 걷는다 서편 끝자락에는 홍학 날개 붉디붉은 한낮의 뜨거움 남았다 풀섶 어디선가 청아한 풀벌레의 첫 울음 그랬었구나 입추 지나 처서도 한참이나 지났구나 가을은 이미 와 있었다 여름의 갈피마다 어수선한 흔적이 남아 있고 생각 없는 날들이 겹쳐서 지나갔다 그런데 풋 소리를 듣는다 순간 뙤약볕에 들끓던 지친 불면의 혼 맑게 씻어낼 샘물이 조금씩 아주 조금씩 고일 것 같다 여치인지 귀뚜라미인지 알 수는 없다 테너보다 좀더 감미로운 팝페라 음색으로 디 디 디~ 잠깐씩 멈추는데 그 잠깐의 고요 또한 얼마나 깊은지 가슴 시리다 그 울림이 그대들 풀벌레의 어두움의 얼룩은 아닐는지 가을은 다시 오는구나 풋내로 영혼을 씻는 이 가을은 이제 코스모스를 반기러 나가 보련다.

제4부

무릉의 색깔

밤의 시(詩)

——아를의 별이 빛나는 밤*

그는 이미 천상에 있었다
어둠 속에서도
하늘 물 대지는
엉킴 없이 흐르고
푸른 녹색 밤하늘
물 위 가스등
고요한 청동색으로 떴다

낮보다 풍부한 색과 빛
빛과 빛으로 충만한 별

어둠과 함께 생성하는
별과 별빛
태풍의 눈처럼
꿈틀대는 존재감
고뇌이고 꿈이다
낮에도 꿈꾸고 싶은 사람을 위한

유언 같은 별빛
…….

* 아를의 별이 빛나는 밤 : 빈센트 반 고흐의 작품(1988년).

가시연꽃

주막집 양은쟁반 같은 잎
흙탕물 구슬 되어 구르고
수면 아래서는
무진 애를 태웠는지
흘린 땀
새까맣게 가시로 돋고
더는 물 위로 들뜨지도
늪에 빠지지도 않으려
힘줄 툭툭 박힌 잎맥으로
버티어 낸다
자줏빛 핏빛으로 피운 꽃만
물 위로 내보낸
꿋꿋한 저 생존
가시연꽃.

봄 눈꽃

꽃비 쌀비인가 했더니
까칠한 모래바람
꽃샘 시샘 한두 번
아니한 적 있었던가

올해도 매화 수유
가쁘게 달려와
실핏줄 노오랗고
하늘하늘 창백하다

잎샘 부리는 소리
간밤에도 하얗더니
저만치 가로수 따라온
언덕도 백색 유리알

꽃이여, 눈꽃이여

눈이 부시고 이마 시려라
차마 잔인한 봄은
바람과 눈
그리고 햇살이다.

원죄보다 무거운

비눗방울 놀이하는 손녀
톱니 모양 작은 링에
콕콕 찍어
훅— 몰아 불면
톱니는 흔적 없고
무지갯빛 포장된 비눗방울들
알 깐 듯 공중에 둥둥 떠다닌다
아기는 곧
사라질 줄 알면서도
더 크고 더 오래 가길 바란다

그 투명한 의지와 노력은
순간에 사라져
흔적조차 찾을 길 없다
그림자 같고 안개 같은
실재 앞에서
허무와 좌절은
참으로 가볍고
원죄는 삶보다 더 무겁다.

아기는

아기는
새들과 함께 깨어나
해처럼 떠오르고
눈부신 태양을 맞아
새들 노랫소리를 듣고
꽃향기를 맡으며
나비의 춤을 발견한다

아기는
새롭고 경이로운 세상을
날마다 쫑알쫑알 창조하여
저녁이면 덩달아 새록새록
온 집안이 환해져서
빛이 되어 해가 된다

아기는 그렇게
우주를 창조하고
우리는 중력을 얻고
빛을 향해 함께 나아간다
아기는 온 우주이다.

가을 노래

아 아 코스모스 피네 가을 오네
허공 짚고 일어선 가는 손
허리에 얹고 누굴 기다리나
이리저리 바람 안고서
살랑살랑 수줍어 웃네

아 아 코스모스 피네 가을 왔네
반짝이는 햇살에 세수하고
달빛 분 바른 사랑스런 그대
그리움에 해맑은 얼굴
사랑밖에 모른다 하네

아 아 코스모스 지네 세월 따라
파란 하늘 아래 노란 꽃술
한데 어울려 까맣게 태우고
바람처럼 자유로운 사랑
만남과 이별도 기도라 하네.

위대한 침묵*

하늘 아래
해 뜨고 달 지고
별 무리지어 보이다
올챙이처럼 헤엄쳐
사라지기도 하는 곳

거기 몸 가두고 언어를 가두고
몇백 번의 겨울 지나
봄도 그렇게 왔으련만
가슴 속에 키워 낸
수만의 침엽수 바늘로
정신과 묵언을 꿰어
침묵만을 지어내니

살아가는 일
천상에 다가가는 소통
눈부신 언어가
빽빽이 우거진 자연이
모든 것 다 그 안에.

* 위대한 침묵 : 가장 엄격하다는 프랑스 카르투지오 수도원의 일상을 담은 영화.

정갈한 환희

흰 떡가루 고운 눈 심상치 않게 뿌리더니 소한인 오늘 대설주의보 백삼 년만이라는 기록 함께 쌓았다. 많이 올 징조라며 양력설을 쉬게 하던 때에 '양력은 왜놈의 명절이며 춥기만 하다'던 어머님의 말씀이 구시렁구시렁댄다. 건강검진 끝내고 큰길 오는데 푹푹 빠진 가죽장화 차선이나 횡단보도 구별 없다 신호등 저 혼자 켜졌다 꺼졌다 모처럼 차들 사람 눈치로 슬금슬금 움직이니 대접받는 기분으로 쌓인 눈 밟는 기쁨 더하다. 거리 풍경 환한 카페에 자리잡고 느릿느릿 잔 비우며 〈한오백년〉* 그리움을 새긴다

겨울 가로수와 허리가 휠 만큼 큰 삽으로 종일 밀고 쓸어내는 저 수고로움 내일이면 빙판 될 아찔함, 타이어 자국에 멍들어 질펵할 거리의 잔상들, 지금은 하나 없다. 오늘 같은 날 하늘은 잿빛인데 쌓인 눈빛으로 환한 대낮이다. 마음 속의 요철(凹凸)은 유야무야하다.

* 민요 〈한오백년〉 인용.

뿌리의 길을 밟다

월출산 돌아서
만덕산 골짜기
귤원 산방 깊숙이 안기려 안아 보려
가파른 언덕배기 더듬는다
황토와 송진으로 층층이 으깬 소나무 뿌리들
뼈대뿐인 사지에 옹이 박힌 발목의 그 길
밟지도 피할 수도 없어 멈칫거리는데
두꺼비 한 마리 태연히 눈 껌뻑이고 있다
아담한 초당 산정
기와 단장한 동암
벼랑 위에 떠 가까스로 버티어 선 서암
반들반들 길이 든 화강암 다조는
다산의 손발 묶인 열여덟 해 비통함이
어둡고 눅눅하지만은 않은
다정하고 포근한 이 온기는
백성의 참담함까지 허덕이며 끌어안아
삶의 지평을 열었던 뜨거움 때문일 것
한동안
쓴맛과 단맛의 타액이
따로따로 흘러 식도를 지난다

구석구석 열린 모세혈관
다조 위에 물끄러미 비추어 본다

누구 등 평평히 엎드려
다정한 그의 자조가 되어 줄까.

나비 한 마리

다섯 달 보름 지난 우리 아기 손녀 아기

온몸 옹알이로 달맞이하자 하여

초고층 발코니에 나아가니

드높고 투명한 하늘 거기

어느 새 날아와서 앉았는지

은빛 둥근 나비 한 마리

낮보다 밝은 창가에

달보다 더 화안한 아기 얼굴

아가야 천세만세를

오늘같이 밝아 오리라.

그리움의 형상들·1

여름날 마루 끝에 누워
바라보던
그 구름
바람
어디쯤 갔을까

양철지붕 위에
떨어지는
굵은 빗소리 또는
살그락거리는
빗방울 연주

외등 없는 안마당에서
총총 박힌 잔별들
말똥말똥한 눈
동그랗게 구르는 리듬
다 어디에…….

그리움의 형상들 · 2

어느 겨울 오후
골목에서 달려오는
오라비들의
엿구멍 늘리는 소리
따스한 입김
(후 훅 크크 낄낄)

건너 어르신 댁
기와지붕
사이사이 내걸린
긴 고드름
툭 떨어지길
기다리던 소리

부뚜막 어디선가
살아 신호하는
귀뚜라미 음성
(귀 뚫어 귀뚤뒤뚤)

아직 찾지 못한

어느 사투리 같은 소리
보이다 들리다.

무릉의 색깔

물방울과 빛의 간섭으로
무지개가 재현되듯이
어리석은 투혼으로 꿈 속
그 풍경 그 색채
들어 올리고 싶어라
까만 오석 평평한 바위
그냥 초록이 아닌 유록색의
융단 같은 이끼
그 색깔 그 빛깔
유리보다 더 맑은
한 자 깊이 물 벽 위로
바람의 그림자가 지나고
어느 사이 모래 다 씻기어
아쉬워하는 결
검정과 초록 물의 합일이
가히 무릉의 색깔이다.

손

들어 보고 만져 봐야 직성이 풀리는 눈(目)이다
답답한 가슴 쓸어내리는 약(藥)이며
압정처럼 아픈 곳 찾아 꽂는 술(術)이고
정직하고 충성스런 트랙터(Tractor)다

저지른 것 많아서 죄도 많은 그
손에 정식 훈장 하나 받았다
'주부습진'
수도 없이 비누를 씻었는데
비누가 나를 씻어야 한다는데
외출 한 번 아니하고
다른 이와 악수한 적 없는 그가

물방울보다 작은 거품이
벌레알처럼 바글바글 긴다.

가을볕에 심술을 부리다

가을 햇볕은 바쁘다
산에서
들에서
꽃을 피우고 열매를 영그느라
살랑살랑
바람 함께 다니나 보다

가을 햇볕은
탐스런 물고추도 볕만 잘 쬐면
태양초가 되고
물 먹인 광목은 옥양목보다도 더
희지 않던가

가을 햇볕은
도심의 아파트 숲에서
빙글빙글 놀고 있는 햇살 데려다
심술을 부린다
젊은이들의 짭짤한 땀내를
아이들의 달착지근한 흙내음을
커튼 이부자리 김치통 할 것 없이

빨래를 한다 날마다

가을 햇볕은
그래도 폭포처럼 쏟아지는데
그 아래 비행기처럼
윙윙~
고추잠자리와 아이들
빨갛게 익으며
잘도 뛰논다.

생즉무생(生卽無生)*

동서고금 인류 위해
이만한 공헌자도 없으리
부드럽고 어여쁜 것
노출된 갈비뼈 다칠세라
신선 실에 물구나무선
방사 유정란
그것들이 냉 온 열 고비마다
울려 파고드는 메아리를
이제야 알 것 같으니
오래 된 라디오처럼 '직직' 대던
그 영가를
어쩌랴! 네 살을 탐익(貪益)하여
언저리 때리고 갈비뼈 부수는
멀미나는 이 일을
부활의 꿈을
너희 삶을 어쩌랴.

* 생즉무생(生卽無生) : 불교에서 태어난다고 하는 그 사실도 실은 인연에 따른 가생(假生)일 뿐이므로 근본을 따지면 무생(無生)이라고 하는 생각.

제5부

산 그림자

산 그림자

해질녘 산은

나뭇가지에 새들 매단 채

기슭 아래 마을로 으스름 내려오면

나는 긴 그림자 동행하여

그의 너른 품 안으로 걸어 들어가

분신 같은 내 그림자 떼어 놓고

서둘러 돌아와 앉았는데

그는 거기 그냥 서서

다시 아침을 맞는다.

연인산에서의 하루

혼자 노크하기 미안한 곳이네
검은 모자 눌러쓰고 산방에 들었네
초록 풀잎에 잠시 날개 접는 나비 되었네
동그란 산들이 에둘러 앉히네
하늘빛의 지붕도 둥글고
콧등에 걸린 하늘도 동그랗네
달도 따라 동그래져 가는데
손목시계만 네모이고 아홉 시네
둥근 양면시계는 자유가 분방하여 열두 시 오십 분이네
오전 오후 그런 거 알 필요도 없다 하네
푸르스름한 하늘은 호수 같고 말 없는 신사 같네
저 아래 계곡 냇물 소리는 나뭇잎과 숲이 다 마셔 버렸고
흙 소리 개 짖는 소리는 새들이 다 쪼아먹고 날아가 버렸네
다람쥐 몇 마리 정원석이 된 바위틈을 뒤적이다 가네
동그란 산 하나 세우고 싶다가 황토집이 나을 거라 생각하다가
그냥 돌아와
동그랗게 무릎 안고 앉아 있네.

하이파이브

가끔 가는 근처 산 입턱
푸른 단풍과 홍단풍 나란히 섰다
듬성듬성 햇빛 뚫린 그늘에 들러
우람한 품의 저 끝을 바라다본다

푸르둥한 잎 빨간 잎 둘이서
울퉁불퉁 수를 놓더니 이렛만에
무지갯빛보다 고운 겹실로
모란보다 더 흐드러진 잎 꽃들
투명한 온기로 아직 한 뜸씩 뜨고 있다

누군들 이다지 부신 날꽃의 생 융단에
덥석 들어설 수 있겠는가
폰 카메라 슬쩍 먼저 들이대고
형형색색 부챗살같이 들고 보니
이 꽃잎들, 현란하던 이 이파리들
사뿐히 낙하한 것 하나도 없다
상처 없이는 물들 수조차 없었던 흔적이다

책갈피로 억누르다 다시 찾은 그 자리

풍차처럼 씨앗 날렸던 바람
누글누글 쌩쌩 지나치고
빛바랜 작은 손바닥엔
하얀 눈서리 한 줌 틀어쥐고
(우리는 모근(母根)에 닿기로) 약속 걸듯
다섯 손가락끼리 오그려 잡았다

나 그것들과
온전한 생의(生意)의 향연에
크게 손 내밀어 하이파이브 한다.

천왕목*

당신은 정3품의 지체 높은 어른이다
출생부터 높고 귀한 전설을 타고나셨으니
비파와 보검 잡아 본 적 없이
온몸을 뿌리박고 서서 벌 받으면서
환난을 이겨내고
나라의 안위를 예견하여 몸 떨어 울리고
그늘을 벗어놓고 간 이들 가벼이 안아 주는
악을 비켜서 아마도 천백 개가 넘는
덕을 쌓아 스스로 신선이 된 나무

겨드랑이 자궁에서 날개 달고 돋은 여린 것들
수백 년 산 어떤 몸통보다 더 우람한 식솔을
이고 지고 안고 거느리는 안주인이다
그 앞에서 나는 쇠똥도 못 벗은 갓난아기다
해마다 봄이면 연둣빛으로 치장하고
이웃 사내를 사모하는 첫사랑의 소녀이며
지금도 키가 자라고 성장하는 청년이요
양수로 백과 빚어 줄줄이 꿰어 찬
풍채 넉넉한 중년의 여인이다

또다시 바람이 오면
발치에 노란 꽃 무덤 이루고
노랑나비 되어 하늘로 날아올랐다가
천사로 천왕으로 내려올
버림과 비움을 행하여
스스로 신선이 되는 나무.

* 천왕목 : 경기도 용문사에 있는 은행나무(천연기념물 30호). 이 은행나무가 사천왕 역할을 한다 하여 일주문만 있고 사천왕문은 없다. 세종대왕이 정3품의 당상직첩을 내렸다고 한다.

울릉도 향나무

모진 가슴에
언약처럼 새겨진
씨앗 하나
그 사랑 지키려
하늘 가까이 더 가까이
화산섬 망향봉 벼랑에 서서
타는 목마름에
피 같은 물방울 건져 올리는
발목 구불구불 부르트고
울툭불툭 정맥 엉긴 정강이
오천 년 새긴 눈금 키만큼
암석 위로 솟았다
아득히 검은 바다 바라보며
광풍에 소용돌이치는 삶
참으로 멀리 마법처럼
허공인 듯 세상 밖에
우주와 하나 된
황홀한 향기로
살아내는 그
향나무.

하얀 목련

하늘나라 공주였다는
그대
하늘 향해 꼿꼿이 붓대 세운 기개에
절하고 싶다

바람 비 잦은 날
그대는
유방암을 앓듯 마지막 한 잎까지
절절히 떼어내 뒹구는구나

그대여
두려움 없는 이별 어디에 있겠는가
흙이든 하늘이든 한 영역일 것을
이별절차 처절하니 서러움만 더하다.

벚꽃

—시공에 피는 꽃

이웃나라 국화라서
애써 마음 줄 잡아 당겼다
혹독한 한기 지나 핀 빛 여린 꽃
그 아래 뜨거운 축제는 마땅하다

어딘들 누군들 활짝 핀 벚꽃보다 환한
저 많은 미소를 주는 자 있을까
누구는 어제 피어 오늘 지는 꽃이라 말하지만
바람이 때려도 비를 맞아도 활활 피어나서는
어김없이 연록에 자리를 넘긴다
회오리치지 않고 눈송이보다 가벼이
꽃잎 하나하나 떼어내
화르르
황홀한 꽃길을 선사한다
하늘에도 땅에도 누추하지 않아
결별이 이처럼 정갈하고
서럽지 않은 축복이다

시간에 고통을 잃게 하는 어두운 역사
갈등에 공허는 커져만 가고

은폐와 억지는 왜소(矮小)하다
투명한 꽃잎에 의미는 새기지 말자 하고
무한한 시공의 벗(友)꽃이다.

할미꽃

나는 늙지 않았어요
보송보송 이 솜털 좀 보세요
어리고 귀엽지 않은가요
사춘기 소녀처럼
활짝 펴서도 키가 자라지요

샛노란 꽃술
자줏빛 진한 얼굴
누군가 이 정열 들여다보고
까르르 놀라기도 하여
쑥스러움에 그만 허리 굽었지요

맑고 따스한 양지이면
무덤 가도 무섭지 않아요
착하고 어여쁜 그대 손녀에게
슬픈 추억 얘기*는
너무 추워서 싫어요

어린 내 아기에게는
흰 머리칼 탯줄같이

긴 실 한 타래씩 매어달아
무한 자유를 주지요.

* 할미꽃 전설.

배롱나무

화조도 부채를 든 요염한 여인
반짝이는 햇빛을 쏘아보다
'메롱' 시치미 떼는 진분홍 입술
오죽헌 길목에서 선교장 초당마을로
얇은 겉옷 벗어 던지고
속살 발그레한 나신으로
불쑥 찾은 외지인에 교태부린다
야무지게 아담한 가로수 가지 끝마다
원추상의 꽃차례 조르륵 이어 달고
조신한 꽃수레의 긴 행차
화무(舞花)는 십일홍(十日紅)
바야흐로 삼강오륜(三綱五倫),
'메롱'

강릉의 여름은
호수와 바다 배롱나무의 삼합이다.

명자꽃

벚나무 허리께도 못미친 명자나무
꽈리처럼 동그란 바람 물고 섰다가
난 싫어, 들러리로만 여긴다 앙탈한다

삼월의 신랑신부 화르르 미소 짓다
야릇야릇 연둣빛 휘장 높게 두르며
사르르 눈 같은 꽃잎 바람이 화동이다

진다홍 연지곤지 한껏 곱게 치장하고
초록 채단 저고리 꺼내 입고 계면쩍어
겨드랑 화장 사이로 샛노란 교태부린다.

개망초

아파트와 빌딩 사이 네모진 공터
콩알만한 흰 얼굴 해해거리며 놀고 있다

군데군데 늠름하게 망초 망 세우고
철없는 개망초 바람과 함께 놀고 있다

울타리 경계줄을 넘어도 보고
'까꿍' 내밀며 천진스레 놀고 있다

도심 속 공터 초록으로 채우더니
하얀 왕소금으로 피어서 잘도 놀고 있다.

강아지풀

방방곡곡 모퉁이에 길가에
낯가림 없는 널
모르는 이도 없을 것을 끝내
잡초로 여기면 실례겠다
연록색 둥근 파꽃은 알고
동색의 갸름하고 보슬보슬한 널
참 오랫동안 잎줄기쯤으로 지나쳤구나
더구나 손바닥에 올려놓고 혀 오므려
힘주어 '워리워리' 놀려대기도 했지
고백하는데 할아버지와 손자가
삐— 삐 휘파람 소리 하다가
코밑에 팔자(八字) 수염 해 붙이고
마주보며 개구지게 웃던 일
곁에서 얼마나 허기가 졌던지
넌 모를 거야.

애기똥풀

양지바른 언덕 언저리
멀쭉 키 큰 샛노란 작은 얼굴들
배실배실 웃고 섰다
어디 보자 하였더니
품 안으로 왈칵 뛰어든다
국화 이파리 닮고서
양귀비과라 하고
행운의 네잎클로버처럼
꽃잎 넷 달고
의젓이 중심 잡은 암술
서른 남짓 암술 오글오글 거느린
요 앙증맞은 것
튼튼하고 어여쁜 내 아기들의
바나나똥 황금똥보다 진한
등황색 액 새끼손톱에 칠하고
쌉싸름 구수한 약(藥)에 취해
털썩 소꿉장난하겠다.

낙엽 안고 가자

겨우 엘리베이터 내려서
안아 하며 꼼짝 않고 매달린다
붕붕이 무서워 방귀냄새 난다며

휘리릭 공중에 맴돌던
세 살배기 구둣발만한 낙엽
데구르르 앞서 구르는데
바알간 감잎 하나
이거는 뭐야 이거는 뭐야
앞뒤로 얼룩점 안쓰럽더니
앗~ 추워서 꿍 아야 했지
함머니 이거 안아
윤인 손 꼭 잡고 가면 되지

그래 아가야 네 스스로
태양이고 자연이며 천사로구나
세상 낙엽들일랑 안고서 가자
그리고 걸어서 가자
도서관 앞 공원으로 가자.

산 바다 그리고 강

첨병 겁없이 뛰어들 수가 없다

바닷바람과 파도는 모두가
그림자 같은 몸짓일 뿐
그의 몸은 아버지인 바다다
실향의 설움과 그리움 멍든 퍼런 가슴으로
생계 위해 헌신적 가족 사랑과
땀으로 살아낸 생애의 눈물이다
펌프로 끌어 올려 퍼 담아도 담아도
담아낼 수 없는 깊고 깊은 저 바다는
아버지의 눅눅한 침묵이며
들어설 수 없는 권위이다

거기 올라 가슴 후비지 마라

이름 모를 꽃과 나무를 두루 아우르는 산은
어머니의 품이다
비바람 견뎌온 골 깊은 골짜기는
아버지의 파도를 건너온 주름진 얼굴이며
그 안 비탈길에 구르는 돌멩이들

그 하나하나는 어머니의 정령이다
발부리에 걸려 미끄러지지 않게
굴러 떨어지는 일 없는 작은 돌탑
신묘불측(神妙不測)한 원초적 고향의 어머니다

바다와 산 그 사이에
햇살과 구름과 그늘이 오늘 여기에 있다
강물아 흐르자 따라 흐르자
굽이 돌고 굽어 돌아 한강 지나
두만강 압록강도 지나 우리 함께
영원히 같이 흐르자.

제6부

그랬으면 좋겠다

배냇저고리

태어나서 입으라고
탄생 저고리 한 벌 깁는다
오가닉 코튼(Organic cotton)* 한 마에 쥐무늬 하나
화장* 한 뼘 기장* 두 뼘
명주실 손끝으로 살살 비벼
작은 귀 금침에 어렵사리 꿰어
시침하고 감침질 박음질에
뒤집어 홈질하여 고름 달고

배냇짓하며 입으라고
배냇저고리 한 벌 깁는다
탯줄 잡던 두 주먹으로
기억의 끈 움켜잡고
아련히 꿈꾸는 듯
알려 주지 않아도 혼자
씽긋쌩긋 웃어도 보고
싫증나면 하품도 하겠지.

* 오가닉 코튼(Organic cotton) : 유기농법 목화.
* 화장 : 등솔에서 소매 끝까지 길이.
* 기장 : 옷 전체 길이.

입춘 & 대문

어, 전자키 번호는 어찌 알고
한 발 앞서 들어온 입춘방(立春榜)
거실 안방 건넛방에
컴퓨터 옆자리까지 와 있다
달력마다 크게 입춘대길(立春大吉)
눈길 닿을 적마다 일소일소(一笑一少)
무구한 그의 손짓이다

문 밖에서 집배원 인사
받은 적 언제였던가
진공포장된 문패
포장(Wrap)이 잠자리 날개보다 야하고
차갑게 매달린 양철 십자가
이웃과 가정이 두루 편안하길
365일 목메게 빌고 있다.

2.3kg의 신(神)을 만나다

—외손녀 보던 날

어여쁘구나 아가야
예복처럼 '빔'을 입고
만났다 반갑다 아가야
이렇게 곁에 와 줘서 정말 고맙다

태초의 너의 궁이 물 부족이라니
얼마나 갑갑하였더냐
이제 이 너른 세상에서
마음껏 유영(遊泳)하여라

첫 만남에서
반가운 기억을 떠올리듯
요리조리 살피고는
입술을 달싹거렸지

품에 안겨 인사말 나눌 적엔
초롱초롱 응답하는 두 눈
그때, 너에게서
하느님을 보았구나

한없이 깊고 따스한
빛과 같은 강한 힘을.

쑥국을 끓인다

쑥— 돋아 온
봄 소식에
식탁 준비 한다

쌉싸름한 지난 겨울을
노글노글 날콩가루
너울 입혀
맑은 장국
백자사발에 담아
연둣빛 아지랑이를 마신다

뜨겁고 찬 신화 기운
혈관 속에
알싸하게 돈다.

'어린왕자' 에게 말을 걸다

이순 후 탄력적인 나이는 건망증 덕
수학기호 소수는 반올림해도 좋은 법
오~라 기회와 핑계의 상생이로다

손녀는 온 우주를 사랑으로 조우하여
아름다운 이 세상의 빛으로 피어나고
할미는 따라 읽기로 그들을 넘나들 터

매일매일 대화로 친하니 더 어여뻐
미소와 옹알이 온몸으로 응답하며
잘도 지켜나 가는 앙증맞은 꼬마숙녀

쑥쑥 커서 어쩌면 어느 이른 아침에
지금도 웃으며 깜빡일 어린왕자에게
은하성운을 퀵서비스할 예감이다.

자장가

자장자장 우리 아기 착한 아기
나무꾼 이야기 들어 보렴
자장자장 잘도 잔다
꿈꾸며 달리다 넘어져도 괜찮아
우리 아기 쑥쑥 크며 잘도 잔다

자장자장 우리 아기 예쁜 아기
선녀 이야기 들어 보렴
자장자장 잘도 잔다
꿈 꾸다 도망쳐 쫓겨 와도 괜찮아
방긋방긋 예쁜 아기 잘도 잔다

자장자장 우리 아기 잘도 잔다
몸도 튼튼 마음도 튼튼
자장자장 잘도 잔다
꿈꾸는 꾸러기 씩씩하고 당당해
보배로운 우리 아기 잘도 잔다.

가로수

긴 겨울 한 데서 떨던 가로수
시샘 추위 아직 먼데
굶주린 짐승처럼 닥친 전기톱날에
오그라든 심장 눈물도 메말라
비릿한 냄새도 없다
잘린 손가락 팔
흔들리며 어기적어기적
톱 실은 사다리차 뒤로
영구차처럼 따르고 있다
곧 사라질 두려움의 무게로

저들의 주인은 누구인가
하늘 땅 행인
저들은 숲이 되고 싶었으리라
숲을 이루며 살고 싶었으리라
하얗게 질린 플라타너스
저만치 선 가로등만 믿고
오늘은 장승처럼 섰다.

싱싱한, 너무 싱싱해서

푸르스름한 불빛 길게 흔들리고
너른 온돌방 시끌벅적 비좁은데
하얀 접시에
하 얇고도 고운 오징어 흰 살
빛이 움직인다
오길 잘했어 건배하고
쇠젓가락 집어들 제
난시 시험하듯 생의
축축한 윤기가 흠칫흠칫
찰나의 칼날에
몸서리 치고 있다 지금
피도 흐르지 않는데

이것들 허영심아,
머 언 바다 속 검은 어두움이
밝은 세상인 것을
집어등 화려함에 취해 보려다
먹물 감쪽같이 날치기할 때도
비명인들 질렀을까
이제야 말하는데

네 몸의 인이 번뜩일 제
도개비불 같았음을

검은 파도 철썩철썩 겁주는 방에서
메마른 가슴끼리 만날 걸 그랬어.

내일을 여는 밀물이다

세례 순례지 호미곶
그곳에 나도 있었네
고하고 이루려는 마음들로
산이 되고 바다가 된 곳

지금은 모두가 터널 지나는 중
수평선 저 아래 바닥쯤은
얼마나 깊고 굴곡진 그림자로 어두울지
검푸른 태평양 가로줄이 팽팽하다

구름은 노한 듯 검붉고
날숨을 몰아쉬는 해의 이마는
시린 바닷물 밖으로 소름처럼 솟아
노랗고 하얀 혜안의 빛으로 번뜩인다

십자를 긋는 손 염주를 세는 손
합장하여 굽은 등위의 정맥에도
번진 붉은 피로 수혈하니 금세
도소주를 마신 듯 전신에 짜르르하다

저마다 아우성은 염원이었고
욕망은 기도가 되지 못하고
환희만이 기도였을 눈빛들
돌아서는 등 뒤가 환하여 환하다.

때때로 바람이 되어

비운다는 말 자주 듣지만
아무것도 들어 있지 않은
텅 빈 것 아무것도 없고
아무 데도 없다

살아간다는 것
무엇이든 채우는 일
허기진 뱃속을 채우고
혈관 속에 산소를 채운다

욕심을 버린다고
집념을 없앤다고
마음의 구석구석
마음이 없어지는가

이해할 수 없는 일
잊고 싶은 기억들
허상이 안개처럼 가득할 때
바람 되어 흩어지게

버려야 할 것들 다
버릴 수가 없어
가벼워지고 싶어
바람이고 싶다.

산은 저희들끼리만

—추풍령휴게소에서

반나절에 점 하나로 서다
바다보다 푸른 산
눅눅한 먹빛으로 준엄하여
어린나무 벌레 짐승의 새끼
아직 재우고 있는 듯

바라만 보고 호흡만 따라하려
예 왔는데 저들은 나만 두고
겹겹이 둘러 앉아
호연지기를 담론하며
너는 왜 팔다리 허리를
더러는 심장 가까이까지
관통하여 왔느냐
따지고 묻지도 않아

그대가 소백인가 노령인가
낙동강은 어느쯤이며
금강은 또 어디쯤 흘렀는지
경북 충북 경계 따윈
그냥 묻어둔다

골짜기마다 가마솥 걸어두고
술렁술렁 안개구름 퍼올려
생명을 키우느라 분주하다
산은 저희들끼리만.

계사년 입춘(癸巳年 立春)에

계사년은 아녀자도 욕도 아니다
능구렁이야 살모사야 이쁜 척 무지개 보아도
온 세상 하얗게 잣눈 쌓여 덮였으니
발 없고 다리 없는 너희
어찌 성큼 나올 수가 있겠는지
차라리 스키어처럼 날듯이 미끄러져 오면
마침 흑사(黑巳)의 해라 하였으니
천상천하의 검정일랑 모두
두 갈래 혀로 핥아
지루하고 긴 몸뚱이 거쳐
네 안의 독으로 녹인다면
쏟아지던 눈비도 잦아들겠다 그때는
비단옷 한 벌 다시 갈아입고서
살사(巳)춤도 추면
남실남실 바람소리 들일 거야.

고봉밥 드시오

놀이터 긴 의자에
봄 여름 가을 겨울 홀로 앉아
햇빛바라기 하는 젊은이
그늘 쬐기 하는 이도 보았소
가물가물 까치담배 연기 따라올라
허공에 휑한 시선을 만났소
네거리에선 휘적휘적
두꺼운 안경 옆으로
내 모습도 어질어질 얼비치고
삐그덕 소리도 흘러나왔소

허기진 젊은이들이여
시간은 언제나 그대들 편이요
밥이 보약이라 들어왔소
오늘 배불리 먹은 밥
내일을 튼튼히 할 것이오
몸도 마음도 살찌우고 영혼까지 키워
꾸물꾸물 꿈 기어오르고
희망을 부추기는 그런 보약
지금 쓴 입맛 꼭꼭 씹어 넘기면
달착지근 자력이 붙는 밥을 드시오.

해야 할 말만 남았다

쓸데없는 말만 하고 살았다

이제라도 할 말만 해야겠다

미안해미안해미안해미안해미안해미안해미안해미안해미안해미안해미안해미안해

사랑해사랑해사랑해사랑해사랑해사랑해사랑해사랑해사랑해사랑해사랑해사랑해

고마워고마워고마워고마워고마워고마워고마워고마워고마워고마워고마워고마워

바보야바보야바보야바보야바보야바보야바보야바보야바보야바보야바보야바보야.

그랬으면 좋겠다

나는 섬
너도 섬

바람 일면
새처럼
가벼이

내게로 오고
네게로 가고

그랬으면
참 좋겠다.

오해(誤解)

—너

슬픈 얼굴로 말해야 할 것 같은 너

눈물 그윽이 고일 듯이

겹겹의 외로움 쌓이고

칠흑 같은 어두움 같은 너

상처나 후유증은 아닐지

유아독존(唯我獨尊) 유심정토(唯心淨土)*인 너

은유하는 영혼의 감초처럼

자유와 여유 다음에 올 것 같은

내겐 허영이며 사치인 너

'뫼비우스'의 띠를 두른

그리고 기도이고

고독인 너.

* 유심정토(唯心淨土) : 불교에서 정토(淨土)는 일심의 현현(顯現)으로서 마음 밖에 실재하는 것이 아니라 마음 속에 존재함을 이르는 말.

| 작품 해설 |

존재의 인식과 시간성 혹은 서정성

| 작품 해설 |

존재의 인식과 시간성 혹은 서정성

김송배
(시인·한국문인협회 시분과회장)

1. '나'의 인식과 '존재의 무게'

현대시에서 탐색하는 주제의식은 대체로 '나'의 인식에서 결집된 정서와 사유(思惟)의 근간(根幹)이 확인되었을 때 새롭고 창의적인 진실을 작품 속에 승화(昇華)하게 되는 일반적인 존재의 의식에서 출발하는 경우를 자주 접할 수 있게 한다.

이러한 보편성은 우리 시인들이 의식하거나 인식하는 범주(範疇)는 어쩌면 우리 인간과 밀접한 상관성을 갖기 때문에 한 시인이 그의 내면에 잠재한 인간의 진실들이 대사물과 대관념 사이에서 형상화하여 새로운 가치관을 투영하려는 시인들의 숙명적인 욕구이기도 할 것이다.

여기 김애희의 시집 원고를 일별하면서 이러한 요즘 시인들이 탐색하거나 구현하려는 의미성 곧 주제는 이처럼 존재와 인식에서 원류를 형성하는 의식의 흐름에서 자신의 체험과 동일성의 이미지를 투영하는 습성(習性)을 읽을 수 있어서 김애희 시인 역시

자신의 진솔한 진실은 중요한 체험의 소산(所産)이 창작의 중심축을 이루고 있음을 이해할 수 있게 한다.

김애희 시인은 이 시집 『물벼락』에서 존재의 인식과 함께 동행하는 시간성의 문제에 심도(深度)있게 접근하면서 다시 친자연적인 서정성에서 안온한 시정(詩情)을 구가하는 평범성에서 그의 시적 향훈(香薰)을 음미할 수 있게 한다.

동서고금 인류 위해
이만한 공헌자도 없으리
부드럽고 어여쁜 것
노출된 갈비뼈 다칠세라
신선 실에 물구나무선
방사 유정란
그것들이 냉 온 열 고비마다
울려 파고드는 메아리를
이제야 알 것 같으니
오래 된 라디오처럼 '직직' 대던
그 영가를
어쩌랴! 네 살을 탐익(貪益)하여
언저리 때리고 갈비뼈 부수는
멀미나는 이 일을
부활의 꿈을
너희 삶을 어쩌랴.

—「생즉무생(生卽無生)」 전문

우선 위의 작품에서 이해할 수 있는 것은 그가 주(註)를 붙여놓았듯이 '생즉무생'은 '불교에서 태어난다고 하는 그 사실도 실은 인연에 따른 가생(假生)일 뿐이므로 근본을 따지면 무생(無生)이라고 하는 생각'에 그의 존재를 인식하고 있다. 이는 김애희 시인이 사유하는 생(生)의 의미가 삶이라는 근원에서부터 지향하는 존재의 인식은 바로 '이제야 알 것 같으니'라는 어조에서 확연하게 현현(顯現)되고 있다.

김애희 시인은 이와 같이 다시 '춘하추동 사계절 같은/ 변신을 위한 산고인지/ 회귀(回歸)의 몸부림인지/ 차마 알 수 없으나/ 급히 눈감고 돌아서도/ 빛보다 빠른 날갯짓이던가/ 심장 깊숙이 떨며/ 더듬어대는 긴— 더듬이// 공연히 진인(眞人) 장주(裝周)에 외쳐댄다/ 호접지몽(胡蝶之夢)은 여전히/ 훨훨 유쾌하던가/ 훨훨 자유롭던가(「가벼워질 수 없는 존재의 무게」)'와 같은 존재와 고뇌가 공존하는 시적 상황을 이해하게 한다.

여기에는 중국 고전인 장주(장자)에 대한 일화를 인용해서 우리 인간들의 지혜로운 체하는 어리석음에 대한 자인(自認)이며 성찰이며 존재 인식의 근본으로 창출시키고 있다. 장자는 이 현신(現身)은 오탁(汚濁)한 세속에 있을지언정 그 정신은 생사(生死), 물아(物我), 시비(是非), 선악(善惡), 진위(眞僞), 미추(美醜), 빈부(貧富), 귀천(貴賤) 등 시간과 공간의 모든 대립과 차별을 지양(止揚)해 버릴 때 영롱한 도(道)의 세계가 나타난다는 진리를 작품에 대입하고 있다.

삶이란
살아가는 일

꿀벌의 언어처럼
춤처럼
온몸 진동과
수없는 날갯짓으로
허공에 8자 그리는 일

꽃 찾아
비행하는 일.

—「무제·2」 전문

다시 김애희 시인은 살아간다는 정의를 간명(簡明)하게 현현하고 있다. 그가 천착(穿鑿)하는 '삶이란' 그렇게 단순하게 '허공에 8자 그리는 일' 이거나 '꽃 찾아/ 비행하는 일' 정도는 아닐 것이다. 그래서 그는 '무제'라고 시적 제재(題材)를 선택해서 표면화할 수 없는 이미지들이 그의 심중(心中)에 내재되어 있음을 알 수 있다.

이러한 그의 인식은 다음과 같이 분화(分化)하고 있다.

— 나무에게만 의존하기 너무 미안해서 의로운 나무를 위해서 나도 광합성하고 산소같이 살고 싶다 산소가 되고 싶다(「광합성하고 싶다」)

— 버려야할 것들 다/ 버릴 수가 없어/ 가벼워지고 싶어/ 바람이고 싶다(「때때로 바람이 되어」)

— 얼굴을 가리려면/ 넉넉지 못한 손이 또 부끄럽다/ 나는 언제 어디서고 부끄럽기만 하다.(「부끄러움」)

— 월출산 돌아서/ 만덕산 골짜기/ 귤원 산방 깊숙이 안기려 안아 보려/ 가파른 언덕배기 더듬는다(「뿌리의 길을 밟다」)

— 유아독존(唯我獨尊) 유심정토(唯心淨土)인 너// 은유하는 영혼의 감초처럼// 자유와 여유 다음에 올 것 같은// 내겐 허영이며 사치인 너(「오해」)

— 가벼워지자/ 내 것 아닌 것은 내려놓고/ 내 것이라 여긴 것들 버리자/ 버리고 버려서 텅 비면/ 날 수 있을 거야 새처럼(「욕」)

— 이제 젖은 외발도/ 슬프지 않아/ 창공에 그리움을/ 그리겠다.(「허수아비」)

그렇다. 김애희 시인은 이와 같이 인식의 생성과 그의 진실은 '싶다'는 기원과 '부끄럽다'는 자성(自省), 그리고 '유심정토'이거나 '허영이며 사치'를 '내려놓고/ 가벼워지는 일 등이 주제의 진폭을 더욱 확대하여 '존재의 무게'에 대한 우리들의 공감을 유로(流路)하고 있다.

2. 사계절 혹은 시간성의 향기

김애희 시인에게서는 이러한 존재의 문제에서 새로운 지향점을 발견하게 되는데 이는 존재와 동행하는 시간성에 집착하게 된다. 그는 존재와 시간은 동질성을 구현하면서 생을 영위하는 불가분의 관계에 놓인다.

그는 '시간'에 관한 연작시 6편을 완성함으로써 그가 탐구하려는 시간성이 얼마나 생존과 밀접한 관계에 있음을 이해할 수 있는데 이는 그가 시적인 상황 설정이나 작품의 주제를 창출하기 위해서 다양하게 유추하거나 투영하는 이미지들이 복합적으로 발현하는 심리적인 지향성이라고 할 수 있다.

무엇보다 공평할 것 같은 시간
시간의 자로 재어 보니
혹은 얼음덩이 툰드라
불 같은 열사의 사막과
백야도 있다
내 몸 안의 시계는 느리고 불량해
밤낮이 사계절이 들쭉날쭉
24시란 없다 그리고
어디에도 없다
경극 같은
장난 같은
무한공간의 벽

눈높이에 걸린 시계가
빙긋이 웃고 있다.

—「시간」 전문

위도 경도로 지도는 태어났고
씨줄 날줄로 피륙 이루었다
새들 세로로 날아올라
시간은 가로로 군림하였던가

나는 무엇으로 태어났는가

시간에서 나고 시간으로 빚어졌다
끝없이 이어 남을 가로줄 위
셀 수 없는 겹겹의 점으로

점은 길이를 포함치 않는 마침표다.

—「시간·4」 전문

보라. 김애희 시인은 이 '시간'의 생성과 소멸의 와중(渦中)에서 탐색한 인간의 생존 실상은 착잡하거나 때로는 비평적인 어조로 '무한공간의 벽'에서 방황하는 혼돈이 있는가 하면, '나는 무엇으로 태어났는가'라는 원초적인 자문(自問)에 고심(苦心)하기도 한다. 이러한 시법(詩法)은 '시간에서 나고 시간으로 빚어졌다'는 그의 단정적인 언어에서 유추할 수 있듯이 '내 몸 안의 시계는 느리고 불량해'서 어쩐지 생존경쟁이 치열한 현존(現存)에는 부적합한 관념이 그를 지배하고 있다.

이 시간성은 '누군가는 생포하여 금 속에 가두어/ 가시적인 발소리를 내었고/ 우린 온몸으로 감지할 수 있었지(「시간·2」)'라는 어조와 같이 우리 인간들은 시간을 억류하려 하지만, '자유자재 시공간을 누리는 / 영원한 것'이라는 결론을 도출(導出)하고 있다.

김애희 시인은 이 시간성의 연결은 직접 '시간'을 소재로 하거나 이미지화 하는 것 외에는 사계절에 대해서 민감(敏感)한 반응을 보이고 있는데 작품 「계사년 입춘에」「가을의 노래」「겨울 일기」 등 계절적 이미지에 많은 관심을 보이면서 시간의 변화가 바로 인간의 변화라는 공통점을 탐색하고 있다.

시간에 고통을 앓게 하는 어두운 역사
갈등에 공허는 커져만 가고
은폐와 억지는 왜소(矮小)하다
투명한 꽃잎에 의미는 새기지 말자 하고
무한한 시공의 벗(友)꽃이다.

—「벚꽃」 부분

캄캄한 어둠 속 저 아래
잠들어있을 아주 작은 이름들을
하나씩 하나씩 부르는 거야
쑥 쑥 질경이 노루귀 제비꽃 아기별꽃
이렇게 눈물겹게 찬란하게
피어내야 해.

—「겨울 청계산」 부분

먼저 봄과 겨울에 관련된 소재와 그 소재에 감응(感應)한 이미지는 바로 시간성에 관한 메시지가 내포되어 있다. '벚꽃'은 '시간과 고통을 앓게 하는 어두운 역사'와 갈등과 공허라는 인간의 근원적인 고뇌가 이 시간을 통해서 조감(照鑑)할 수 있게 한다.

또한 '겨울'에서 '캄캄한 어둠 속'이라는 공간이 병행함으로써 시공(時空)을 초월하는 현상들을 '하나씩 하나씩 부르'고 있어서 자연섭리와 융합(融合)하는 김애희 시인의 시적 지향점을 이해할 수 있게 된다.

한편 '가을'의 시간성은 아무래도 풍요로운 계절적인 향취를 전해 주지만 역시 '어두움의 얼룩'이라는 시간적인 고뇌와 갈등을 적시하고 있다. '그 잠깐의 고요 또한 얼마나 깊은지 가슴 시리다 그 울림이 그대들 풀벌레의 어두움의 얼룩은 아닐는지 가을은 다시 오는구나 풋내로 영혼을 씻는 이 가을은 이제 코스모스를 반기러 나가 보련다.(「가을은 또 오는가」)'는 어조는 그의 진솔한 시간개념과 인본주의(Humanism)의 화해(和解)라고 이해해야 할 것이다.

3. 친자연적 서정과 자아 탐색

김애희 시인은 서정성을 배제할 수 없는 진정한 서정시인이다. 그는 친자연 속에서 자신을 투사(投射)하거나 동화(同化)하는 감상적인 오류(誤謬)를 적용하고 있어서 그의 시법과 시적정황은 자연서정을 통해서 자아를 탐색하거나 인식하는 순정적 진실을 현현하고 있음을 알 수 있다.

물방울과 빛의 간섭으로
무지개가 재현되듯이
어리석은 투혼으로 꿈 속
그 풍경 그 색채
들어 올리고 싶어라
까만 오석 평평한 바위
그냥 초록이 아닌 유록색의
융단 같은 이끼
그 색깔 그 빛깔
유리보다 더 맑은
한 자 깊이 물 벽 위로

바람의 그림자가 지나고
어느 사이 모래 다 씻기어
아쉬워하는 결
검정과 초록 물의 합일이
가히 무릉의 색깔이다.

―「무릉의 색깔」 부분

여기에서 김애희 시인은 '무릉'이라는 자연 사물을 시각적인 이미지만으로 응시(凝視)했다. 그는 이 자연에 대하여 의인화하지 않았다. 그러나 그가 직접 그 '무릉'에 감응함으로써 '어리석은 투혼으로 꿈 속/ 그 풍경 그 색채/ 들어 올리고 싶어라'라는 강렬한 어조로 객관적인 메시지를 교감하고 있다.

이것이 감상적 오류(Pathetic Fallacy)에서 동화(Assimilation)에 속한다. 시인이 모든 자연을 자신 속으로 끌어와서 그것을 내적으로 인격화하는 원리이다.

해질녘, 산은

나뭇가지에 새들 매단 채

기슭 아래 마을로 으스름 내려오면

나는 긴 그림자 동행하여

그의 너른 품 안으로 걸어 들어가

분신 같은 내 그림자 떼어 놓고

서둘러 돌아와 앉았는데

그는 거기 그냥 서서

다시 아침을 맞는다.

—「산 그림자」 부분

그와 반대로 이 작품에서는 '나'는 '그의 너른 품 안으로 걸어 들어가// 분신 같은 내 그림자 떼어 놓고'라는 어조로 보면 '나'는 곧 '산 그림자'라는 의인화가 진행되어 투사(Project)의 원리로 구성된 작품임을 알 수 있을 것이다. 모두가 화자(話者)인 대상이 자연과 일정한 거리를 유지하면서 인간화하는 비정적(非情的) 타자성(他者性)으로 시적인 구조를 명징(明澄)하게 현현하고 있다.

이밖에도 김애희 시인이 구사하는 친자연적 서정의 범주는 '눈이 부시고 이마 시려라/ 차마 잔인한 봄은/ 바람과 눈/ 그리고 햇살이다(「봄 눈꽃」)'라거나 '양지바른 언덕 언저리/ 멀쭉 키 큰 샛노란 작은 얼굴들/ 배실배실 웃고 섰다(「애기똥풀」)', '실바람에도 춤을 추고/ 달리는 트럭 소리/ 뽀얀 먼지/ 다 기쁨이라며/ 언제나 배시시 웃는/ 섬세하고 정갈한 시인이다.(「코스모스」)', '그대여// 두려움 없는 이별 어디에 있겠는가/ 흙이든 하늘이든 한 영역일 것을/ 이별절차 처절하니 서러움만 더하다(「하얀 목련」)'라는 화자의 다변적인 형태에 따라서 감상적인 오류가 분사(噴射)되고 있다.

4. 가족—영원한 정감 그 향연

김애희 시인에게서 감지(感知)할 수 있는 시적 정황과 그 이미지는 가족(혹은 고향)에 대한 불망(不忘)의 시정신이나 혼(魂)이 포괄되어 있다. 이는 그가 체험한 정(情—喜怒哀樂愛惡慾)에서 발원한 상상력의 재생으로 현실 생활(Real Life)과 만감(萬感)하는 가족의 이미지가 강렬한 시정신으로 발현하고 있기 때문이다.

그의 가족에는 할아버지를 비롯해서 아버지와 어머니 그리고 외손녀에게 이르기까지 다양한 정감의 언어로 작품이 탄생되고 있는데 이는 그가 평소에 확고한 신념으로 지탱해온 가족애(家族愛)의 총 결집이라고 할 수 있을 것이다.

이것들 모두 화석으로 봉납(捧納)하여
홀로 메고 가셨다
얼마나 무거우셨을까
얼마나 힘이 드셨을까
아버지의 고향으로 가서
말똥을 빚어 벽을 덥혀 드리고 싶다
눅눅한 아궁이에 눈물 냇내 맡으며 군불 때고 싶다
숨어든 쥐 후다닥 튀어나와 부지깽이 놓치고
엉덩방아 찧어도 하하 크게 웃겠다

나는 고향이 없고 고향엔 내가 없다.

—「화석을 메고 가셨다」 부분

그가 투영하는 아버지의 이미지는 '아버지의 고향'과 '화석으로 봉납' 된 형상으로 재현되고 있다. 그는 '손바닥만한 봉창엔/ 오가는 이웃 너그러운 하늘/ 시름도 평화가 될/ 바람 베는 소리도 다 보인다.'는 의미심장한 어조에서 알 수 있듯이 '바람 베는 소리도 다 보인다'는 언어의 조탁(彫琢)은 남다른 어법으로 형상화하는 튼징이 돋보인다.

한편 그는 결론에서 '나는 고향이 없고 고향엔 내가 없다'는 어조가 내포한 진실은 상당한 이미지의 유추가 필요한 진실의 일단이라고 보아진다. 그리고 그는 '있지도 않은 고향 꿈을 꾸곤 한다'는 사부곡(思父曲)의 중심에는 언제나 고향의 의식이 동행하는 영원한 정감이 흐르고 있다.

어머니는 그리움 때문에 돌아가셨다
누군가를 너무 보고 싶어지면
화가 되고 얼음이 되고 눈물이 되고
퇴행성관절염은 걷지도 앉지도 못했지만
죽음에 이르는 병은 아니다

—「홀로 천당을 지으시고」 부분

그의 어머니에 대한 이미지도 어쩌면 아버지와 동일한 정감적인 언어로 구성되어 있다. 시적 상황 설정이 바로 '석 달 열흘간 벽돌을 쌓아/ 아버지 곁에 천당을 지으시고/ 더듬더듬 더듬어서 몰래 가신 것밖에'라는 김애희 시인의 심중에는 상념(想念)에서 그리는 모정(母情)이 아니라 단지 '그리움 때문에 돌아가'신 어머니의 깊은 애정을 확인할 수 있다는 점을 간과(看過)할 수 없을 것이다.

아기는 그렇게
우주를 창조하고
우리는 중력을 얹고
빛을 향해 함께 나아간다
아기는 온 우주이다.

—「아기는」 부분

한편 그의 손녀는 어떤가. '어여쁘구나 아가야/ 예복처럼 '빔'을 입고/ 만났다 반갑다 아가야/ 이렇게 곁에 와줘서 정말 고맙다(「2.3kg의 신을 만나다」)'는 진솔한 어조와 같이 김애희 시인의 순정성과 순박성이 동시에 '외손녀'에게로 집중되고 있다.

그는 다시 '비눗방울 놀이하는 손녀/ 톱니 모양 작은 링에/ 콕콕 찍어/ 훅— 몰아 불면/ 톱니는 흔적 없고/ 무지갯빛 포장된 비눗방울들/ 알 깐 듯 공중에 둥둥 떠다닌다/ 아기는 곧/ 사라질 줄 알면서도/ 더 크고 더 오래 가길 바란다(「원죄보다 무거운」)'는 간곡한 기원이 내포된 시의 향훈은 바로 그가 심저(心底)에 깊이 묻어둔 가족애(특히 손녀)의 표상이라고 할 수 있다.

김애희 시인은 이러한 손녀에의 궁극적인 주제는 바로 '아기는 우주'라는 등식으로 '아기' 그 새 생명 자체에 대한 경외(敬畏)가 어쩌면 그의 새로운 가치관으로 승화하고 있는지도 모른다.

이처럼 그는 할아버지, 아버지, 어머니, 손녀의 가족 구성원들에게서 회상하거나 실제 상황에서 체험한 모든 상상력이 창조적으로 전환하는 시적 진실로 정립하는 그의 시 정신을 이해할 수 있게 한다.

이제 김애희 시집 읽기를 마무리해야겠다. 그는 우리의 보편적인 사유를 통해서 시의 위의(威儀)나 본령(本領)을 성취하려는 서정적인 노력을 잃지 않는다. 자신의 평범한 체험 속에서 발아(發芽)한 시의 싹은 원대한 인생론이나 가치관까지도 새롭게 창조할 수 있는 정서의 세계를 확대하고 거기에 부수적으로 생성하는 현실과의 갈등이나 고뇌들은 적절한 조화와 화해를 통해서 해법을 탐색하는 그의 시정신은 바람직한 현상이 아닐 수 없을 것이다.

그는 이 시집에서 먼저 '나'에 대한 인식을 통해서 존재를 확인하고 다시 존재와 시간성의 상관관계, 그리고 친자연을 통한 서정성에서 자아를 투영하는 시법과 마지막으로 가족과 공영하는 영원한 정감의 언어들이 그의 시혼으로 남아 있다.

이러한 시적 진실은 김애희 시인의 삶의 궤적(軌跡)과도 무관하지 않다. 그가 '속삭임'이란 글에서 말했듯이 '이 땅에 살며 몸에 밴 절제와 근검 외에 모국어를 한없이 사랑하고픈 마음뿐, 잘한 노릇이 별로 없다. 그래서 늘 새로움을 찾아나서는 충동도 여전하다. 사유하지 못한 사색과 자유, 이런 갈증으로 시작된 글쓰기다'라는 그의 삶에서 추출한 작품의 원천(源泉)은 바로 그의 존재 이유이며 영위해야 할 숙명이기 때문이다.

그러나 시는 최상의 마음의 가장 훌륭하고 행복한 순간의 기록이며 하나의 시란 그것이 영원한 진리로 표현된 인생의 의미라는 영국의 대시인 셸리(P.B. Shelley)의 언지도 경청할 필요가 있을 것이다. 이는 인생의 의미가 바로 우리들이 추구하는 주제의 건전성을 적시하는 하나의 조언이라고 할 수 있을 것이다.

김애희 시집_ 물벼락

초판 인쇄 | 2013년 9월 6일
초판 발행 | 2013년 9월 10일

지 은 이 | 김애희
발 행 인 | 정종명
편집국장 | 차윤옥

펴낸곳 | 月刊文學출판부
주소 | 서울시 양천구 목동서로 225 대한민국예술인센터 1017호
전화 | 02-744-8046~7
팩스 | 02-743-5174
이메일 | klwa95@hanmail.net
등록 | 2011년 3월 11일 제2011-000081호
ISBN 978-89-6138-224-3 03810

값 10,000원